Marie Claire Ouedraogo

Prière pour le retour de la paix au Burkina Faso

Marie Claire Ouedraogo

Prière pour le retour de la paix au Burkina Faso

Éditions Croix du Salut

Imprint
Any brand names and product names mentioned in this book are subject to trademark, brand or patent protection and are trademarks or registered trademarks of their respective holders. The use of brand names, product names, common names, trade names, product descriptions etc. even without a particular marking in this work is in no way to be construed to mean that such names may be regarded as unrestricted in respect of trademark and brand protection legislation and could thus be used by anyone.

Cover image: www.ingimage.com

Publisher:
Éditions Croix du Salut
is a trademark of
Dodo Books Indian Ocean Ltd. and OmniScriptum S.R.L publishing group

120 High Road, East Finchley, London, N2 9ED, United Kingdom
Str. Armeneasca 28/1, office 1, Chisinau MD-2012, Republic of Moldova, Europe
Printed at: see last page
ISBN: 978-620-6-16836-2

PRIERE POUR LE RETOUR DE LA PAIX AU BURKINA FASO

Sommaire

Avant-propos

Psaumes 30:2 " Éternel mon Dieu! J'ai crié à toi, et tu m'as guéri. "

En toute humilité et sous la conduite du Saint-Esprit, je voudrais à travers ce livre de prière inviter tous les Burkinabè à s'unir dans la prière dans l'espoir de voir bientôt le salut de Dieu sur notre pays. David a crié à l'Éternel et il a été guéri. Crions donc ensemble à travers ces prières à l'Éternel pour que le Burkina Faso soit sauvé. Jésus n'a-t-il pas invité ses disciples à s'unir dans la prière pour voir leurs vœux être exaucés en disant : " Je vous dis encore que, si deux d' entre vous s'accordent sur la terre pour demander une chose quelconque, elle leur sera accordée par mon Père qui est dans les cieux. " Matt18.19

Notre pays est en proie aux attaques terroristes il y a déjà plusieurs années. Le pays déploie toutes ses forces pour vaincre ce mal. Cependant nous assistons à la recrudescence de ce phénomène qui ne fait qu'enfoncer notre beau et cher pays, le Burkina Faso dans le gouffre. En dehors des moyens financiers, matériels et physiques que nous avons pour lutter contre le terrorisme, montrons notre foi en Dieu le Tout-puissant en mettant en pratique ce que nous avons appris du sauveur et seigneur Jésus Christ !

Actes des Apôtres 3:2-22 : „

Il y avait un homme boiteux de naissance, qu'on portait et qu'on plaçait tous les jours à la porte du temple appelée la Belle, pour qu'il demandât l'aumône à ceux qui entraient dans le temple. Cet homme, voyant Pierre et Jean qui allaient y entrer, leur demanda l'aumône.

Alors Pierre lui dit: Je n'ai ni argent, ni or; mais ce que j'ai, je te le donne: au nom de Jésus Christ de Nazareth, lève-toi et marche.

Et le prenant par la main droite, il le fit lever. Au même instant, ses pieds et ses chevilles devinrent fermes; d'un saut il fut debout, et il se mit à marcher. Il entra avec eux dans le temple, marchant, sautant, et louant Dieu. Comme il ne quittait pas Pierre et Jean, tout le peuple étonné accourut vers eux, au portique dit de Salomon.

Pierre, voyant cela, dit au peuple:

Le Dieu d'Abraham, d'Isaac et de Jacob, le Dieu de nos pères, a glorifié son serviteur Jésus, que vous avez livré et renié devant Pilate, qui était d'avis qu'on le relâchât.

Vous avez renié le Saint et le Juste, et vous avez demandé qu'on vous accordât la grâce d'un meurtrier...

C`est par la foi en son nom que son nom a raffermi celui que vous voyez et connaissez; c'est la foi en lui qui a donné à cet homme cette entière guérison, en présence de vous tous. Et maintenant, frères, je sais que vous avez agi par ignorance, ainsi que vos chefs...

Repentez-vous donc et convertissez-vous, pour que vos péchés soient effacés,

Afin que des temps de rafraîchissement viennent de la part du Seigneur..."

Dieu se manifeste toujours à ceux qui croient en lui comme il l'a fait à travers les apôtres et à l'égard de cet homme. Ces prières seraient donc notre contribution pour la reconquête et la sauvegarde de notre territoire. C'est d'ailleurs ce que nous aurions de meilleur à offrir à notre pays dans ces temps de guerre. Les apôtres n'avaient pas d'argent pour l'homme. Cependant ils ont pu lui donner l'essentiel pour qu'il ne vienne plus mendier : Il a retrouvé ses pieds! Notre souhait est qu'à travers nos prières, Dieu se manifeste aussi puissamment au Burkina Faso et qu'il nous fasse voir sa gloire comme à cet homme. Que du haut du ciel, il nous envoie son secours afin que tous, nous le louons et lui rendons gloire et honneur. Que du haut du ciel il nous envoie son salut afin que tous reconnaissent son autorité et se mettent à le servir pour toujours ! Qu'il délivre notre pays de ses ennemis et qu'il le bénisse à la gloire de son nom.

Union de prière !

Jérémie 33:3-9

"Invoque-moi, et je te répondrai; Je t'annoncerai de grandes choses, des choses cachées, Que tu ne connais pas. Car ainsi parle l'Éternel, le Dieu d'Israël, sur les maisons de cette ville et sur les maisons des rois de Juda, qui seront abattues par les terrasses et par l'épée,

Quand on s'avancera pour combattre les Chaldéens, et qu'elles seront remplies des cadavres des hommes que je frapperai dans ma colère et dans ma fureur, et à cause de la méchanceté desquels je cacherai ma face à cette ville;

Voici, je lui donnerai la guérison et la santé, je les guérirai, Et je leur ouvrirai une source abondante de paix et de fidélité.

Je ramènerai les captifs de Juda et les captifs d'Israël, Et je les rétablirai comme autrefois.

Je les purifierai de toutes les iniquités qu'ils ont commises contre moi, Je leur pardonnerai toutes les iniquités par lesquelles ils m'ont offensé, par lesquelles ils se sont révoltés contre moi.

Cette ville sera pour moi un sujet de joie, de louange et de gloire, Parmi toutes les nations de la terre, Qui apprendront tout le bien que je leur ferai; Elles seront étonnées et émues de tout le bonheur et de toute la postérité que je leur accorderai. "

PREMIERE PARTIE

Infinie est ta bonté et grande ta miséricorde, Seigneur !

Bienheureux ceux qui t'invoquent avec humilité.

Regarde avec bienveillance tes enfants, seigneur !

Avec confiance ils te prient de leur venir en aide.

Honore ton saint nom en exauçant notre prière !

Il est temps que tu interviennes en notre faveur.

Montre-nous ta puissance et viens nous sauver !

Tu es seigneur Dieu, notre Sauveur.

Rocher de tous les âges, tu es notre refuge.

Auprès de toi, nous trouvons notre salut.

Oui Seigneur, toi seul es notre secours !

Rien ni personne ne pourra nous arracher de tes mains.

Eternel notre Dieu, nous-nous confions à toi.

Ibrahim TRAORE

Tous ensemble devant toi,

Roi des rois et Seigneur des seigneurs,

Avec nos cœurs brisés et confiants,

Ô Dieu de miséricorde, nous te prions !

Roi de toute la terre et du Burkina Faso,

Ecoute la prière de tes enfants !

Il est temps que nous-nous tournions vers toi.

Bon et Fidel Dieu, maitre de toute la terre,

Regarde ton peuple qui te cherche de tout cœur !

A genoux nous te prions de nous venir en aide.

Humblement nous te demandons de changer notre sort.

Interviens et sauve notre peuple du mal.

Montre-nous ta bienveillance et fais-nous grâce.

TRAORE Ibrahim

C'est toi Seigneur Dieu, notre bouclier.

Avec toi nous avons l'espoir de vaincre.

Puissant et redoutable Dieu ; grand et fort,

Il convient que ton peuple te fasse appel.

Tu as le dernier mot dans chaque situation.

A part toi, personne ne peut sauver notre pays.

Il convient donc que ton peuple te fasse appel.

Nous n'avons point d'autre Dieu que toi.

Efface nos péchés et envoie-nous ta délivrance !

Interviens pour que ton peuple soit uni !

Brandis ta parole comme une épée sur nous !

Restaure ton peuple qui reconnaît ses torts !

Accorde-lui la grâce de voir venir ton salut !

Honneur à toi qui écoutes les prières !

Infiniment merci pour notre pays, le Burkina Faso !

Même si nous avons péché contre toi, Seigneur,

Tous ensembles, nous reconnaissons que tu es Dieu.

Renouvelle tes enfants, les Burkinabè, Seigneur !

Anéantis le pouvoir du diable dans notre pays !

Ordonne et les chaines se briseront pour ta gloire !

Rends ton peuple libre pour l'honneur de ton nom !

Eternel, nous te rendons toute la gloire pour notre pays !

Capitaine Ibrahim TRAORE

C'est toi Seigneur qui a tracé un chemin devant Israël

Avec Moïse et Aaron à la tête de ton peuple

Pour le conduire à Cana, la terre promise.

Ils ont été instruits de tes lois pour cela.

Trace devant les Burkinabé le chemin à suivre !

Apprends-nous à vivre et à marcher avec toi !

Instruis- nous aussi de tes lois comme Israël !

Ne nous laisse pas nous détourner de toi !

Ensemble nous voulons t'appartenir comme autrefois.

Ils sont droits tes chemins ; tes lois sont parfaites.

Beaucoup de fois, Israël s'était détourné de toi.

Reconnaissant pourtant ses torts, il revenait à toi,

Afin que tu lui pardonnes et le sauves par amour.

Honore ton nom en nous traitant aujourd'hui comme Israël !

Instaure tes lois dans notre pays pour notre salut !

Malgré nos fautes nous restons attachés à toi, notre Dieu.

Tourne tes regards vers nous, ton peuple !

Refais tes enfants pour qu'ils te soient fidèles !

Apprends-nous à redevenir intègres !

Ô Seigneur, Dieu de pardon et de pitié,

Reçois la prière de tes enfants qui s'humilient,

Et fais nous maintenant voir ta gloire et ta puissance !

Capitaine Ibrahim TRAORE

Contre toi Seigneur, nous avons péché.

Avec regret nous nous tenons devant toi.

Prends pitié de nous et pardonne nos offenses !

Invoquer ta miséricorde, c'est ce qu'il nous faut.

Trouver grâce à tes yeux, c'est ce dont nous avons besoin.

Annonce-nous ton pardon et ton salut !

Implorer ton secours, c'est ce qu'il nous faut.

Nous voulons tous nous réconcilier avec toi.

Efface nos iniquités et purifie-nous seigneur !

Trouve en nous ton plaisir comme autrefois !

Ramène nous à toi Seigneur, Dieu d'union !

Animés par ton Esprit et remplis de ta présence,

Ô Dieu de tendresse et de fidélité, Dieu très bon,

Rends nous dignes de toi, dignes de te servir !

Eternel notre Dieu nous voulons t'être agréables.

Il est bon de t'avoir comme Dieu et sauveur.

Bannis le terrorisme et le radicalisme de notre pays !

Renforce les liens de fraternité entre les Burkinabè !

Affermis la foi de ton peuple qui compte sur toi !

Hâte-toi de sauver notre pays de la guerre !

Interviens et libère-nous des hommes méchants !

Maitre du ciel et de la terre, nous te prions !

Capitaine TRAORE Ibrahim

C'est au nom de notre seigneur Jésus,

Au nom de son amour insondable,

Père de grâce, d'amour et de tendresse

Incomparable Dieu, Grand et éternel,

Tout Puissant, miséricordieux et fidèle,

Admirable Dieu, merveilleux et glorieux,

Infaillible soutien dans la détresse,

Notre protecteur, notre roc et notre appui,

Espoir de toutes les nations et de tous les peuples.

Très grand, très haut et très saint,

Roi au ciel et sur la terre, Dieu compatissant,

Ami des pauvres, des malheureux, des abandonnés,

Ô Dieu, que nous élevons nos voix vers toi.

Révèle-nous ta face et ta gloire, Seigneur !

Eternel Dieu, relève le Burkina Faso qui est à terre !

Il est temps de montrer à tous que tu es Dieu.

Baisse tes regards d'amour sur notre peuple !

Répare les torts que l'ennemi cause à ton peuple !

Au nom de Jésus Christ de Nazareth,

Hâte-toi de nous secourir et de nous libérer !

Ils semblent nombreux, forts et invincibles nos ennemis.

Mais dans le nom de Jésus, il y a la force pour les détruire.

Capitaine TRAORE Ibrahim

Créateur du ciel et de la terre,

Adorable père, Dieu de sainteté et de lumière,

Pourquoi laisses-tu les méchants nous attaquer ?

Il n'est pas croyable que tu sois insensible à notre sort.

Tu es plein de miséricorde et de tendresse.

Appui des hommes dans les tourments,

Invincible dans les combats, tu es notre force.

N'abandonne pas ton peuple entre les mains de l'ennemi !

Eternel, ne nous laisse plus nous éloigner de toi !

Il vaut mieux pour nous, de nous attacher à toi.

Bienveillant Père, Dieu de force et de puissance,

Renverse maintenant devant tes enfants leurs ennemis !

Anéantis la puissance du diable dans notre pays !

Hommage, gloire, puissance, sagesse sont à toi.

Il vaut mieux pour nous de compter sur toi.

Magnifique, tu es seigneur, car c'est toi qui sauves.

Ta parole seigneur, sauve d'âge en âge.

Réconciliés avec toi, Dieu de vérité et de justice,

A jamais nous voulons faire ta volonté.

Obéir à tes lois, c'est notre plus grand désir.

Respecter tes commandements sera notre préoccupation.

Enseigne-nous à mettre désormais ta parole en pratique !

Capitaine Ibrahim TRAORE

Ce sont eux nos ennemis qui nous attaquent.

Attaque-les en retour pour nous, seigneur !

Par ta puissance, fais les disparaître du pays !

Ils troublent jour et nuit la quiétude de ton peuple.

Tu le sais bien seigneur, Dieu omniscient, omniprésent.

Alors que nous voulons la paix dans notre pays,

Ils nous font la guerre sans cesse. Tu le vois bien.

Nous, tes enfants, nous aimerions être comme toi.

Epris de paix, d'amour, de pardon et de justice.

Inflige à ces malfaiteurs la peine qu'ils méritent !

Bafoue-les seigneur pour la seule gloire de ton nom !

Renverse les ennemis de ton peuple pour toujours !

Arme-nous de courage et fortifie-nous, seigneur !

Honte à tous ceux qui veulent nuire à notre pays.

Ils se disent être tes serviteurs en agissant ainsi ;

Mais nous savons qu'ils sont odieux à tes yeux.

Tous seigneur, nous te prions de tout cœur :

Redonne de l'espoir à tous les Burkinabè !

Accablés par la souffrance, nous t'invoquons.

Ordonne pour nous aux terroristes de déposer les armes !

Rends-les incapables désormais d'attaquer ton peuple !

Et que ton nom soit chanté partout au Burkina Faso !

Capitaine Ibrahim TRAORE

C'est sur toi seigneur que nous comptons.

Arrache ton peuple des mains de l'ennemi !

Prends soin de nous, tes enfants seigneur !

Infiniment nous te rendons grâce pour notre pays.

Terre et ciel t'appartiennent, ô notre unique Dieu.

A toi aussi appartient le Burkina pour toujours.

Il convient que nous te consacrions notre pays.

Nous sommes ton peuple, veille sur nous !

Et que rien ni personne ne nous éloigne de toi.

Toi seigneur, notre Dieu, le Dieu de notre salut,

Réponds à nos prières par amour pour nous !

Ainsi tous reconnaîtront ton autorité.

Ô seigneur, tu es Dieu ; l'unique et vrai Dieu.

Réponds à nos prières par pitié pour nous !

Élève-toi au-dessus de ton peuple bien aimé !

Ici au Burkina Faso, nous voulons t'adorer.

Berger d'Israël autrefois, sois aujourd'hui le nôtre !

Rempart d'Israël autrefois, sois le aussi pour nous !

Abri le plus sûr dans les jours d'orage et d'obscurité,

Honneur, gloire, puissance et force sont à toi.

Indéniable, inébranlable ; Dieu vivant, à jamais.

Multiplie tes œuvres d'amour dans notre pays !

Capitaine TRAORE Ibrahim

Conscients que nous sommes coupables devant toi,

Abattus par la situation sécuritaire de notre pays,

Père de grâce et de bonté ; Dieu de tendresse et d'amour,

Invoquer ton saint nom est notre seul recours.

Trouver grâce à tes yeux est notre grand désir.

Avec toi Seigneur, nous n'avons rien à craindre.

Illumine nos vies et nos pensées, Dieu de clarté !

Nourris- nous chaque jour de ta parole qui donne vie !

Eloigne de ton peuple le malheur et la souffrance !

Ton peuple Seigneur te fait confiance pour toujours.

Rassure- nous que tout ira bien pour nous par ta grâce !

Apprends- nous à te croire et à t'adorer chaque jour !

Ô Seigneur, Dieu Tout - Puissant, Père céleste,

Rends nous la joie d'être sauvés par toi !

Examine nos œuvres et nos vies et guéris tes enfants !

Immense est ton amour ; ta grandeur nous émerveille.

Bienveillant et compatissant ; Dieu fort et redoutable,

Renouvelle- nous par ton Esprit Saint ; Esprit de lumière !

Ainsi nous te serons agréables et fidèles à jamais.

Honte à tous ceux qui se détournent de toi !

Il vaut mieux pour nous de nous soumettre à toi.

Majesté, fais de nous tes serviteurs pour ta gloire !

Capitaine TRAORE Ibrahim

Par ton fils Jésus Christ, Seigneur et sauveur,

A toi Père très bon nous venons encore.

Yahvé, nous te prions encore pour notre pays.

Sois attentif à nos cris de détresse et à nos prières !

Donne la paix à notre cher pays, le Burkina Faso !

Etends ta puissante main et délivre notre patrie !

Sors tes enfants de cette situation infernale !

Hâte-toi de nous secourir car nous sommes perdus !

Ô Dieu fort et redoutable, rien ne t'est impossible.

Même la mort n'a aucun pouvoir devant toi.

Montre à tous combien tu es grand et puissant !

Elimine de notre pays tous les malfaiteurs !

Sauve ton peuple de la guerre qui perdure !

Inscris Seigneur tes lois dans le cœur de tes enfants !

N'oublie pas que nous sommes ton bien personnel !

Toujours nous voulons te rester fidèles.

Entre tes mains nous-nous abandonnons.

Garde nous toujours auprès de toi, notre force !

Remplis de miséricorde, de compassion et de tendresse,

Ecarte de ta vue tous nos péchés !

Sers-toi de nous pour glorifier ton nom sur la terre !

Force, sagesse et louange sont à toi,

Ô Seigneur de l'univers, Dieu d'éternité !

Resplendissant de gloire et de sainteté,

Clarté dans notre nuit et soutien indéfectible,

Eternel Dieu, nous te prions pour les FDS et les VDP.

Sois leur secours et leur appui quand le danger est là !

Dieu très-haut, héros des combats, Dieu vainqueur,

Ensemble nous te présentons les FDS et les VDP.

Donne-leur le courage nécessaire pour défendre le pays !

Ensemble nous les abandonnons à toi, notre Dieu.

Fais Seigneur qu'ils remportent tous les combats !

Extermine devant eux les ennemis de ton peuple !

Notre salut est en toi, Dieu des armées.

Sur toi nous fondons l'espoir de reconquérir notre pays.

Excellent Père, Dieu fidèle, nous te faisons confiance.

En te priant Seigneur, nous croyons tous ceci :

Tu briseras pour nous le pouvoir des tyrans.

Désormais protège les FDS et VDP dans tous les combats !

Entraine les toi-même aux combats pour la victoire !

Seigneur, écoute la prière que nous t'adressons

Et permets que nous puissions récupérer notre pays !

C'est toi qui es notre espérance en toute circonstance.

Unis devant toi, nous te prions Dieu de puissance :

Reprends des mains de l'ennemi le pays entier pour nous !

Il faut qu'on parle bien de ta puissance au Burkina.

Tranquilles nous le serons toujours auprès de toi.

Et avec reconnaissance, nous te chanterons toujours.

Force De Défense Et De Sécurité

Chasse Seigneur les ténèbres de notre pays !

Apporte ta lumière sur tout le territoire national !

Prends le contrôle de la situation sécuritaire !

Inspire nous les stratégies efficaces de lutte !

Trace devant nous le chemin à suivre !

Augmente Seigneur en nous la foi !

Investis-nous de ton pouvoir qui guérit !

Ne laisse pas l'ennemi prendre le dessus sur nous !

Expulse-les tous du pays pour que la guerre cesse !

Ils sont cyniques, ceux qui nous attaquent.

Bascule Seigneur les ennemis de ton peuple !

Rachète le Burkina Faso de ce grand malheur !

Assigne-nous ta puissance qui libère et délivre !

Hydre terrorisme c'est ainsi qu'on les appelle tous.

Ils sont sans crainte de toi le Dieu redoutable.

Monstrueux, odieux, ignobles ; ils le sont tous !

Tournés vers toi Seigneur, notre sauveur,

Regardant à la croix glorieuse de Jésus Christ,

Apportant toutes nos misères au pied de sa croix,

Ô Dieu de pitié et de compassion, tendre Père ; nous te prions !

Regarde avec mépris tous ceux qui nous attaquent,

Et exfiltre-les tous du Burkina Faso pour ta gloire !

Capitaine Ibrahim TRAORE

Puisque tu es notre Dieu, nous te faisons appel !

Rends-nous Seigneur dignes de toi !

Efface nos transgressions et purifie-nous !

Sanctifie-nous par ta grâce et par ta parole !

Infidèles, nous l'avons été envers toi, notre Dieu.

Dans ta tendresse, prends pitié de nous, Seigneur !

Enlève nos péchés et lave-nous par le sang de Jésus !

Ne nous ferme pas ton cœur de Père d'amour !

Tous, nous-nous jetons dans tes bras d'amour !

Dieu de Justice ; Dieu de compassion et de vérité,

Utilise notre pays pour te révéler au monde entier !

Fais de tous les Burkinabé tes vrais adorateurs !

Accepte au nom de Jésus notre repentance !

Soumets-nous tous désormais à tes commandements !

Ouvre-nous ton cœur et pardonne-nous à jamais.

Président Du Faso

Adorons le Seigneur notre Dieu, peuple du Burkina !

Rendons-lui gloire, hommage et honneur !

Magnifions le Dieu qui nous protège !

Exaltons ensemble le nom du Seigneur,

Et bénissons-le pour tous ses bienfaits !

Nous sommes le peuple bien aimé du Seigneur.

Acclamons-le de tout notre cœur et de toute notre force !

Tournons nos yeux vers lui, notre sauveur !

Illuminés par sa grâce, nous rayonnerons de joie.

Ô Seigneur notre Dieu ; Dieu des merveilles,

Nous te louons, te chantons et te glorifions.

A jamais tu seras le Dieu de notre pays.

Louange et gloire à ton saint nom.

Eternel, il est bon de te prier et de te célébrer.

Dieu élevé au-dessus des cieux, Dieu très haut,

Unissant nos voix et nos cœurs, nous te prions :

Bénis notre cher pays le Burkina pour ta gloire !

Ultime recours, seul espoir pour l'homme,

Regarde tes pauvres enfants avec bienveillance !

Kyrie eleison : Seigneur, prends pitié !

Infinie est ta grâce par laquelle tu nous sauves.

Nous t'en supplions ; prends pitié de nous !

A l'unisson, nous te le demandons au nom de Jésus.

Fais briller ta gloire sur le Burkina Faso !

Attire-nous toi-même à ton salut !

Souviens-toi toujours de ton amour pour nous !

Ô Seigneur, viens sauver le Burkina Faso !

Armée National Du Burkina Faso

Comme il est grand notre Seigneur !

Habitants du Faso, célébrons notre Dieu !

Entonnons des chants de louange pour lui !

Fêtons le Seigneur, grand roi sur toute la terre !

D'âge en âge que le nom du Seigneur soit chanté !

Elevons ensemble le nom du Seigneur !

Tenons-nous chaque jour dans sa présence !

Avançons tous ensemble vers le Seigneur !

Tous, inclinons nous devant lui et prions- le !

Maitre des temps et des circonstances,

Avec toi nous sommes sans crainte.

Jésus, tu es le maitre de l'histoire, maitre des évènements

Ô divin maitre, divin sauveur,

Rends-toi maitre de nos vies et de notre pays !

Dirige- nous Seigneur ; dirige nos pas et nos vies !

Eclatons de joie pour Jésus, le roi des rois !

Sachons-le, notre Seigneur est puissant.

Alléluia, gloire à toi notre Seigneur !

Raffermis notre foi par tes œuvres d'amour !

Mets en nous des cœurs et des esprits nouveaux !

Éduque-nous comme tu as éduqué Israël !

Exclus de ton peuple tous les malfaiteurs !

Sauveur de l'humanité, sauve nous et notre pays !

Chef D'états Major Des Armées

Louange et gloire à toi éternellement !

Espoir et sauveur des opprimés Seigneur Jésus,

Sois maintenant et à jamais notre réconfort!

Fortifie tes enfants épuisés par la misère!

Ôte de notre pays tout ce qui n'est pas de toi !

Retourne la situation de ton peuple sans espoir!

Consacre nous à toi au nom de ta bonté.

Entends nos prières qui montent vers toi !

Secours ton peuple abandonné à lui-même!

Allume le feu de ta paix au Burkina Faso!

Retourne toute situation sans espoir dans le pays!

Marche toujours devant ton peuple et guide-le!

Etends ta main et couvre nous de ta gloire!

Envoie sur nous ton Esprit afin qu'il nous renouvelle.

Sois notre lumière dans les ténèbres, Seigneur!

N'est-ce pas toi le Dieu Tout-Puissant ?

Aucun dieu, aucune idole n'est semblable à toi !

Tant que dure la vie tu seras toujours notre Dieu.

Impressionnants sont tes actes dans nos vies.

On ne peut finir de les compter, ils sont nombreux.

Nuit et jour nous t'implorons de tout cœur.

Assiste tes enfants dans leur détresse !

Libère maintenant le Burkina du terrorisme !

Ecoute Seigneur la prière de tes enfants,

Sème la panique dans le camp des ennemis de ton peuple !

Les Forces Armées Nationales

Vive le Seigneur, le Dieu d'amour !

O Seigneur Dieu de pardon, nous t'exaltons !

Lent à la colère et plein de bonté ; tu es magnifique !

Ô Seigneur, nous-nous prosternons à tes pieds.

Nous t'adorons par ce que tu en es digne.

Tu es le Dieu d'éternité, le Dieu sublime.

Aide Seigneur tes enfants à combattre leurs ennemis !

Il faut nous donner en fin la victoire sur eux.

Remplace nos cris de malheur par des cris de joie !

Etends ton règne de pardon et de paix sur notre pays !

Sur tes enfants Seigneur, répands ta grâce !

Proclamons la justice et la puissance de Dieu !

On ne peut jamais cesser de contempler Dieu.

Un seul Dieu ; Père, Fils et Saint Esprit

Rien ni personne ne vaut notre Seigneur.

Laisse-nous Seigneur te vénérer toute notre vie !

Apprends-nous à te connaitre pour te servir !

Donne à tous tes enfants la joie de t'aimer !

Eternel, fais de nous tes témoins véridiques !

Forme-nous Seigneur pour ton divin service !

Et que rien ni personne ne nous détourne de toi !

Notre guide, notre gardien, notre berger ; c'est toi.

Suivre tes lois nous permet de vivre sans crainte

Enseigne-nous tes lois pour notre salut !

Devant ton trône, nous-nous tenons, Ô Dieu.

Elevant nos mains vers toi, nous te prions :

Lave-nous encore par le sang de Jésus !

Alors nous serons pour toujours digne de toi.

Permets que tes enfants soient restaurés !

Assure-nous la victoire sur nos ennemis !

Terrifie-les partout où ils se trouvent maintenant !

Retire de leurs mains tout ce qu'ils ont pris du pays !

Ils sont cruels, barbares ; sans foi ni loi.

Entre tes mains Seigneur, nous abandonnons le Burkina Faso !

Volontaires Pour La Défense De La Patrie

Poussons des cris de joie au Seigneur !

Racontons chaque jour ses merveilles !

Entonnons des chants d'action de grâce à lui !

Sautons de joie devant lui notre grand Dieu !

Il est notre Dieu et nous sommes son peuple.

Donnons à Dieu toute la gloire et l'honneur !

Enfants du Burkina Faso acclamons le Seigneur !

Notons que notre Dieu est bon et merveilleux !

C'est lui qui nous rachètera du terrorisme,

Et apportera la paix durable dans notre pays

Dans tous les siècles Dieu est fidèle.

Unissons nos voix pour le chanter !

Fils et filles du Burkina, célébrons Dieu !

Annonçons chaque jour le roi de gloire !

Servons-le dans la joie et l'allégresse

Oh peuple du Burkina Faso bénis ton Dieu !

Présidence Du Faso

Genoux fléchis devant ton trône de grâce,

Ô seigneur, nous voulons t'adorer de tout cœur.

Un seul est notre bienfaiteur ; c'est toi notre Dieu.

Visite en ce moment tes enfants devant toi !

Eternel, ouvre nos bouches pour qu'on te loue !

Rempart de nos vies ; notre appui et notre protecteur,

Nous fléchissons les genoux devant toi pour t'adorer.

Existe-t-il un autre dieu à part toi, seigneur ?

Malheureux sont tous ceux qui te rejettent.

Et bienheureux ceux qui reconnaissent ton autorité.

Non seigneur ! Il n'y a point de dieu en dehors de toi.

Trouver refuge auprès de toi ; Oh quel bonheur !

Du ciel tu nous envoies toujours ton secours.

Entoure-nous de tes bras de père d'amour

Le Burkina Faso, notre pays a besoin de toi.

Assis sur ton trône élevé, baisse tes regards sur lui !

Trouve en nous seigneur tes enfants, ton plaisir !

Rien dans notre vie ne vaut ta bonté et ton amour

Assure dans ta miséricorde l'avenir du Burkina Faso !

Notre Dieu, tu surpasses tous les dieux.

Sagesse, gloire, puissance et honneur sont à toi seul.

Immortel ! Oui tu es le vrai Dieu et tu es immortel.

Ton pouvoir s'étend sur toute l'entendue de la terre

Innombrables sont tes œuvres, seigneur.

Oui seigneur ; que tes œuvres sont belles et grandes !

Nous voulons chaque jour les proclamer.

Gouvernement De La Transition

Montre-nous ta grandeur et ta force

En venant nous sauver, Seigneur notre Dieu !

Dieu de nos vies, nous espérons tous en toi.

Inlassablement nous invoquons ta puissance.

A quand Seigneur la fin de cette guerre ?

Tu as, Seigneur, le dernier mot dans toute situation.

Et nous désirons te voir trancher notre situation.

Un seul mot de toi suffit pour ramener le calme.

Resteras tu toujours silencieux devant notre détresse ?

Dresse-toi contre tous nos adversaires, Dieu redoutable !

Ultime recours, notre victoire, c'est toi Seigneur.

Fâche-toi contre nos adversaires trop nombreux

Accorde nous la grâce de les voir tous disparaitre !

Si tu ne nous sauves pas, qui pourra nous sauver ?

Ô Seigneur, prends pitié et écoute nos prières !

Médiateur Du Faso

Dis-nous Seigneur qui sont ces gens, ces scélérats ?

Jusqu'à quand les laisseras-tu faire, Dieu de Justice ?

Ils disent agir en ton nom pour le salut du monde.

Hommes, femmes et enfants ; ils les tuent de sang-froid.

Alors que nous savons qui tu es ; toi notre créateur :

Dieu de compassion ; lent à la colère et plein d'amour.

Ils laissent toujours derrière eux le désarroi.

Si tu ne les arrêtes pas Seigneur, que deviendra notre pays ?

Méchamment ils traitent chaque jour les populations.

Et les dépouillent de tous leurs biens, Seigneur.

Daigne lever ton bras maintenant contre ces méchants !

Ainsi ils seront tous et pour toujours réduits à néant.

Nuire aux autres ; nuire à notre pays voilà leur désir.

Seigneur, toi seul peux ôter de leur cœur ce vilain désir.

L'homme seul à lui ne peut rien face à ces scélérats,

Et le monde peine à venir à bout du terrorisme.

Mais nous croyons qu'avec toi, leur défaite est imminente.

Ordonne-leur de déposer maintenant les armes !

Nous voulons Seigneur la fin du djihadisme dans le monde.

Déploie Seigneur la puissance de ton bras sur le monde,

Et fais les disparaitre à jamais pour ta seule gloire !

Djiadisme Dans Le Monde

Tuer les populations, c'est ce qu'ils se donnent pour mission.

Endeuiller les familles, ils en ont fait leur rêve.

Regarde seigneur ce que ces gens font dans le monde !

Regarde jusqu'où ils veulent détruire le monde !

Or c'est à toi qu'appartient le monde, tout ce qui s'y trouve aussi.

Regarde seigneur comment ils sont en train de tout détruire !

Ils désirent la guerre et non la paix ; la haine et non l'amour

Sert-on le vrai Dieu, l'unique, en tuant son prochain ?

Mais pourquoi te tais-tu et les laisses-tu agir ainsi ?

Est-ce parce que nous avons péché contre toi, notre Dieu ?

Est-ce parce que tu as cessé de nous aimer, seigneur ?

Non ; tu es le Dieu d'amour, le Dieu qui pardonne.

A toi seul vont nos louanges et nos hommages.

Fais qu'ils abandonnent la fierté de massacrer les populations !

Règne en digne maître chez nous et partout dans le monde !

Il faut que tous sachent reconnaître ton autorité

Quotidiennement nous t'implorons et attendons ton secours.

Use de ta puissance et de ta force pour les exterminer tous !

Efface leurs noms pour toujours sur la terre des vivants !

Terrorisme En Afrique

Comme si tu n'étais pas notre Dieu, tu les laisses nous terroriser

Or c'est en toi que nous plaçons notre confiance, Seigneur.

N'est-ce-pas toi le Dieu qui sauve de toute détresse ?

Sûrement seigneur, tu nous sauveras par amour !

Ecrase-les tous ! Ecrase maintenant tous nos ennemis !

Ils continuent de chasser les gens de leurs localités.

L'heure est grave pour ton peuple ; pour le Burkina Faso.

Souviens-toi que tu domines l'histoire et le temps!

Un peu de temps encore, et ils nous réduiront à rien.

Parce que tu es notre Dieu, lève-toi et défends nous!

Eternel, montre à tes enfants la force de ta main droite!

Réveille le courage de tous les combattants au front!

Ils souillent notre pays en tuant des innocents, Ô Dieu!

Eternel, ton peuple, ton bien personnel te regarde.

Un seul ordre de toi suffit pour qu'ils cessent de tuer.

Riposte à leur attaque partout dans le monde!

Détruis partout leurs bases et leurs armements!

Et que tous sachent maintenant qu'ils ne sont que des lâches.

Longtemps ; cela fait très longtemps qu'ils tuent sans pitié.

Ah seigneur ; facilite le combat pour les FDS et les VDP!

Chef de l'armée céleste ; puissant guerrier,

Ô seigneur Jésus, nous avons besoin de ton aide!

Même si nous t'avons offensé, nous croyons que tu pardonnes.

Même si nous-nous sommes éloignés de toi, nous savons que tu nous rassembles

Un seul est le sauveur de l'humanité, c'est toi Jésus!

Non ; tu ne peux pas nous abandonner dans notre malheur.

Il est écrit que celui qui compte sur toi n'aura pas de honte.

C'est pourquoi nous ne cessons pas de te faire confiance.

Avant nous ignorions tous ton amour et ta grâce infinie.

Tourmentés par l'ennemi, nous-nous en souvenons bien.

Il est temps que tu nous prennes en pitié, Seigneur !

O Jésus, toi le ressuscité d'entre les morts,

Ne laisse pas ton peuple périr ; sors-le du gouffre de la mort !

Conseil Supérieur De La Communication

Par ton sang Jésus, tu nous as rachetés de la mort.

Or nous étions tous coupables devant Dieu.

Libérés de tout péché par ta croix où coule la grâce de Dieu,

Il est juste et bon que nous te fassions confiance.

C'est toi Jésus notre rédempteur ; celui du Burkina Faso.

Emerveillés par ta grâce, nous te prions de nous relever de nos chutes !

Notre force et notre victoire sont dans ton sang précieux.

Alors, nous plaidons ses mérites sur nous tous.

Tu es celui par qui Dieu nous purifie et nous lave de tout péché.

Il faut que tu ôtes maintenant toutes nos souillures !

Ôte nos péchés ! Ôte ce qui n'est pas de toi de nos vies !

N'aimer que toi et te suivre ; c'est notre vœu le plus cher

Alors Seigneur ; fais quelque chose pour notre pays !

Libère le ! Renouvelle-le ! Sanctifie-le ! Sauve-le !

Et que la gloire revienne à Dieu le Père, le Fils et le Saint Esprit.

Police Nationale

Par ta croix Jésus, tu as réconcilié le monde avec Dieu.

Aide-nous, les Burkinabé à pouvoir nous réconcilier !

Urgemment nous voulons voir notre pays sauvé.

La paix ;Seigneur, nous ne voulons rien que la paix.

Hier on disait du Burkina : pays de paix et d'hospitalité.

Et maintenant, on n'y parle que de guerre, que d'attaques.

Notre pays subit la guerre depuis des années Seigneur.

Renvoie tous ces terroristes hors du Burkina Faso !

Impose-leur, l'arrêt immédiat des attaques dans le monde !

Si tu agis ainsi, tous reconnaitront ton autorité, Seigneur.

Alors tous se prosterneront devant toi pour t'adorer.

Nous voulons la paix ; la paix dans notre pays Seigneur.

Dieu, garant de paix et de justice pour tous les peuples,

Aide-nous à vivre comme autrefois en sécurité !

Organise et contrôle toi-même la vie au Burkina Faso !

Gouverne toi-même le pays en guidant nos autorités !

Ouvre Seigneur des portes pour ton peuple qui t'aime !

Dieu, garant de paix et de pardon ; Dieu qui ne change pas,

Apprends-nous à nous pardonner comme tu nous pardonnes !

Mets dans nos cœurs le baume de ton pardon !

Indéfiniment nous voulons vivre dans la paix.

Bannis de nos cœurs pour toujours la haine et l'orgueil.

Apprends-nous Seigneur, à vivre dans ta crainte.

Paul Henri Sandaogo DAMIBA

Devant toi seigneur, nous voici une fois de plus.

A tes pieds, seigneur, nous-nous courbons.

Malgré nos péchés, nous venons encore à toi.

Il est écrit que tu es l'abri le plus sûr dans la détresse.

Bon et céleste Père, sois attentif à notre prière !

Accueille-la pour l'honneur de ton saint et grand nom !

Prends notre cause en main ; toi qui es juste et bon !

Accomplis des miracles pour le peuple du Burkina Faso !

Un seul fait des prodiges, c'est toi le Dieu d'Israël.

Libère maintenant notre pays par ton bras puissant !

Hâte- toi Père céleste, de secourir tes enfants désespérés !

Eternel ; ne te retiens pas ! Fais quelque chose pour nous !

Nous ne comptons que sur toi, le Dieu Tout Puissant !

Riche en bonté ; fidèle dans tous les siècles ;

Il faut que tu nous délivres. Tu en es capable !

Saint et glorieux, tu es sans pareil et présent partout !

Accourant vers toi, le Dieu d'Abraham, d'Isaac et de Jacob,

Nous te confions toutes nos peines et tous nos soucis.

Dis-nous seigneur ; qui d'autre que toi peut nous les décharger !

Accepte notre requête dans le puissant nom de Jésus !

Ô seigneur, nous crions de toute notre force à toi.

Gémissant sous le poids de nos fardeaux, de nos détresses,

Ô seigneur, nous t'en prions : Daigne sauver tes enfants !

DAMIBA Paul Henri Sandaogo

Belles et grandes sont tes œuvres, Seigneur.

Laisse-nous les proclamer tant que nous vivrons !

Aimons le Seigneur, peuple du Burkina Faso !

Il nous donne chaque jour notre pain.

Sonnez de la trompète pour le Seigneur notre Dieu !

Élevons-le par nos chants d'action de grâce !

Contemplons tous les œuvres du Seigneur, le Dieu de Moïse !

Oh, quelles sont belles, magnifiques, louables, innombrables !

Merci à toi Seigneur, Dieu d'Aaron pour tes bienfaits !

Proclamons tous que le Seigneur est notre bienfaiteur !

Adressons ensemble au Dieu créateur nos hommages !

O Seigneur, tu es saint ! Tu es le Dieu trois fois saint !

Règne en majesté sur nous et sur notre pays, le Burkina !

Eternel Dieu, reçois l'adoration cette nuit de tous les Burkinabè !

Blaise COMPAORE

Avec toi seigneur, nous aurons la victoire !

Sans doute tu interviendras bientôt en notre faveur !

Secours ton peuple qui est dans la peine, Ô Dieu !

Essuie nos larmes ! Sèche-les pour ta gloire !

Mène le combat contre nos ennemis pour notre salut !

Bientôt que nous puissions nous réjouir de t'avoir pour Dieu.

Le combat est dur pour nous mais grâce à toi nous triompherons !

Et nous t'apporterons nos offrandes d'action de grâce,

Elevant ton nom très saint dans ton sanctuaire !

Ni au ciel, ni sur la terre, on trouve un dieu comme toi.

A jamais nous t'exaltons et proclamons ta sainteté

Transforme notre pays en un pays de paix, de justice et de bonheur !

Initie tes enfants à l'obéissance de ta puissante parole !

O maitre de tout l'univers, apprends-nous à te craindre !

Négligeant tes lois autrefois, nous étions tous loin de toi.

A cet instant nous voulons revenir de tout cœur à toi.

Lie-nous fermement à toi et pour toujours par ta parole !

Eternel, ne nous laisse plus nous détourner de toi !

Assemblée Nationale

Grand Dieu, je te bénis et bénis ton saint nom.

Lumière et sagesse du monde, tu es toute ma joie!

Oui seigneur, permets-moi de t'exprimer ma reconnaissance!

Infiniment merci parce que tu es ma source d'inspiration!

Reçois mes louanges et mes actions de grâce !

Espérant que tu exauceras toutes mes prières, je te glorifie!

Alléluia ! Que tous les rois de la terre s'inclinent devant toi!

Donne gloire à ton nom en t'élevant au- dessus d'eux!

Ils sauront ainsi gouverner les peuples dans ta crainte.

Exalté sois-tu, Dieu de puissance et de magnificence!

Unifie seigneur le Burkina-Faso pour ta gloire et pour notre salut!

Gloire à Dieu

DEUXIEME PARTIE

Prends pitié des populations déplacées internes !

Ô seigneur, notre secours et notre bienfaiteur,

Prends soin toi-même des populations déplacées !

Urgemment elles ont besoin de toi, de ton aide.

L'aide que leur apportent les hommes est infime.

Alors seigneur, Dieu de compassion, montre-toi !

Tu transformes la nuit en aurore ; le mal en bien !

Instantanément tu changes le sort des humains.

Observe la vie de toutes ces personnes déplacées !

Nul ne peut compter sur toi et rester sans assistance.

Sans tarder, viens leur donner secours ; change leur sort !

Daigne seigneur écouter notre prière en leur faveur !

Entre tes mains seigneur, nous les abandonnons.

Pitié seigneur pour tous les sans-abris !

Leur vie sans toi n'est que ruine, ô seigneur.

Assouplis leurs conditions de vie dans ta bonté !

Car tu es seigneur leur seul espoir, leur salut !

Elles, toutes ces populations, n'ont que toi pour refuge.

Elles ne comptent que sur ta miséricorde, seigneur.

Sans toi ô Dieu, leur vie n'est que désastre.

Implorant chaque jour ta grâce et ta compassion,

Nous te prions de te souvenir de toutes ces populations !

Ta fidélité est grande et ta miséricorde infinie.

Eternel, Dieu d'Esaïe, Dieu de Jérémie et d'Ezéchiel,

Rends- toi pour toujours maître de leur vie !

Nul ne peut compter sur toi sans être secouru.

Eternel, Dieu des prophètes Osée, Nahum, Joël,

Sois le refuge des populations déplacées internes !

Populations Déplacées Internes

Reçois seigneur, l'adoration de tes enfants !

Ensemble nous voulons t'honorer et te magnifier.

Car tu es le Dieu Tout- Puissant, le Dieu très-haut.

Ouvre ton cœur seigneur à nos louanges !

Nous t'acclamons, toi le Dieu de David et de Salomon.

Considère-nous et sois favorable à notre prière !

Implorant ta grâce et ta bonté, seigneur Dieu,

Laisse-nous contempler ta gloire, ta force et ta puissance !

Illumine en ce moment nos vies et nos pensées !

Accepte notre prière au nom de Jésus ton fils !

Tendre Père ; nous ne voulons rien que t'adorer !

Inspecte tous nos cœurs et fais-nous grâce !

Ouvre ton cœur à notre supplication et exauce- nous !

Nous sommes tes enfants rachetés par le sang de Jésus.

Nous sommes tes serviteurs, Dieu de Jacob !

Accomplis des miracles pour nous et affermis notre foi !

Tiens-nous par la main et conduis-nous chaque jour !

Inonde nos vies d'eau du Saint Esprit,Esprit de paix !

Oins tes enfants pour qu'ils soient des artisans de paix !

Nous voulons te ressembler ; Dieu de paix et de pardon !

Apprends-nous à partager ta paix et ton pardon !

Libère enfin ton peuple de la haine et de la révolte !

Eternel, permets que ton peuple se réconcilie dans le nom de Jésus-Christ !

Roi de gloire et de sainteté, Dieu de l'univers

On dira partout que tu es grand et magnifique.

Chanter ton nom ; te bénir ; oh quel privilège !

Heilig, heilig, heilig bist nur du, gott aller Götter !*

(Saint, Saint, Saint, toi seul es saint Dieu des dieux)*

Mon Dieu je te chante ma joie et ma reconnaissance.

Avant toi il n'y eut point de Dieu, après toi il n'y en aura point.

Roi de justice, Dieu de mon salut ; tu es digne de louange !

Comme il fait bon de proclamer ton règne et ta sainteté.

C'est toi le vrai Dieu ; l'unique vrai Dieu vivant.

Heilig, heilig, heilig bist du, Herr der Heerscharen! *(1)

Ruhm, Ehre und Lob gehören dir in Ewigkeit!*(2)

Il est juste et bon de te louer, toi notre Dieu.

Saint, Saint, Saint ! Saint est ton nom seigneur !

Tu remplis ciel et terre de ta gloire, **D**ieu puissant.

Il est juste et bon de t'adorer, toi le Saint des saints !

Alléluia je te chante seigneur ma joie et ma reconnaissance.

Notre Dieu ; tu es digne de recevoir nos louanges.

Keiner ist wie du, Herr: so gütig und barmherzig !*

A toi seul la gloire, l'honneur et la puissance !

Béni sois-tu seigneur dans tous les siècles !

On dira en tout temps que tu es grand et magnifique !

Roi de gloire et sainteté, Dieu le créateur, le juste,

Ensemble nous te chantons et te chanterons toujours !

(Saint, Saint tu es Saint, Dieu des armées)* 1

(A toi la gloire, l'honneur et la louange éternellement)*2

(Nul n'est comme toi seigneur si bon et miséricordieux)*

Roch Marc Christian KABORE

Seigneur Dieu, notre père, qui est semblable à toi ?

Assis sur ton trône, tu resplendis de gloire et de sainteté!

Lève-toi seigneur de ton trône et fais nous sentir ta puissance !

Il faut que partout l'on sache que tu es le vrai Dieu.

Fais- nous voir ta gloire ô Dieu, YAHVE SHAMMAH!

D'éternité en éternité, tu es élevé ; EL-ELION!

Infiniment bon, infiniment grand, EL- ELION!

A toi seul puissance, gloire, honneur,- Gibhor!

Lève-toi seigneur de ton trône et fais-nous sentir ta force ;

La force de ton bras seigneur ; la force de ta main droite !

Oui seigneur, EL ROÏ, ton peuple compte sur toi seul !

Salif DIALLO

YAHVE RAPHA, Dieu qui guérit,

A part toi il n'y a point d'autre dieu!

Comment ne pas te servir, YAHVE ROÏ ?

Où puis- je trouver encore un dieu comme toi ?

Unique, vrai, vivant, juste et bon, YAHVE – MÉKADDISH-KEM!

Brise nos chaines et rends-nous libres, YAHVE SABAOH !

ADONAÏ, EL SHADDAÏ, tu es vraiment le Dieu Tout-Puissant !

Invariable ; insondable ; EL-RACHUM, EL ËZER !

Sans toi nous ne sommes rien et ne serons rien.

Avec toi nous serons pour toujours un peuple heureux !

Avec toi nous déplacerons les nombreuses montagnes !

C'est sûr, tu es notre force, notre défenseur; EL-CEHLA !

Zufluchtsort in aller Noten, EL-HAÏ ! *

Interminable est ton règne de gloire et de sainteté.

Dieu notre Dieu ; EL-EMETH, nous avons confiance en toi.

Avec toi nous serons pour toujours victorieux.

(Abri dans les tourments)*

Yacouba Isaac ZIDA

Mon seigneur et mon Dieu, que ta volonté soit faite dans ma vie !

Année après année, tu seras toujours mon réconfort.

Uniquement je veux t'adorer, Dieu de ma vie et de mon salut !

Rivière de nos âmes d'où coule l'eau de la vie éternelle ;

Inonde-nous et fertilise nos vies pour notre salut !

Car tu es notre source de vie seigneur, EL RAAH !

Eclatant de lumière, tu illumines nos vies sans cesse.

Nourris-nous par ta parole sainte, ta parole qui guérit !

Arrose nos vies de paix et de joie, Dieu, EL. ANAH!

Wer ist wie du? wer ist dir gleich? Würdig bist nur du!*

Admirable! Oui seigneur, tu es admirable et saint !

Lave nos vies et purifie-les par ton eau vive !

Attire-nous à toi, Dieu YAHVE HOSSENOU !

Garde tes enfants toujours près de toi, EL-EMUNAH !

Berger céleste, conduis-nous à ta source d'eau vive !

Assure la vie de tes enfants, Dieu, YAHVE-JIRE !

YAHVE, EL-ELGON, sois notre sécurité pour toujours !

Apporte-nous la paix et le bonheur qui viennent de toi !

Maintenant nos cœurs sont tournés vers toi.

Emerveillés par ta gloire, ta puissance et ta force,

Ô seigneur, nous mettons en toi toute notre confiance.

Guéris nos âmes et nos cœurs par ta parole !

Ô seigneur, que ta volonté soit faite dans nos vies !

(Qui est comme toi ? Qui est comparable à toi ? Toi seul es digne !)*

Agneau de Dieu, seigneur Jésus-Christ,

Bien-aimé fils du Père venu sauver l'humanité,

Ouvre nos cœurs à la grâce qui coule de ta voix !

Unifie-nous afin que nous t'appartenions pour toujours !

Bien-aimé fils du Père venu sauver le monde,

Agneau de Dieu, notre seigneur Jésus-Christ,

C'est par ta croix que tu as racheté le monde du péché !

Agneau de Dieu qui enlève le péché du monde,

Rien n'est plus beau que ton saint nom.

Sauve-nous et le monde de tous nos péchés !

Agneau de Dieu, Fils de l'homme vêtu de puissance,

Nous croyons que tu es mort pour nous.

Garde-nous dans ta paix auprès de toi seigneur !

Ouvre nos cœurs à la grâce qui coule de ta croix !

Unifie-nous afin que nous soyons tous à toi !

Le chemin, la vie et la vérité ; c'est toi Jésus-Christ !

Et tu es aussi la lumière du monde, le bon berger !

L'humanité toute entière te rend gloire et honneur.

Agneau de Dieu qui enlève le péché du monde,

Marque-nous du sceau du Saint Esprit !

Ici-bas tout est vanité. Sois notre unique joie !

Zu dir wollen wir für immer gehören! *

Agneau de Dieu, Rédempteur du monde,

Nous croyons que tu es mort pour nous à la croix.

Agneau de Dieu, lumière du monde, conduis-nous au Père !

(Nous voulons t'appartenir pour toujours)*

Aboubacar Sangoulé LAMIZANA

Contempler ta face, nous le désirons toujours.

Observer tes commandements, c'est aussi, notre désir.

Languissant après toi, nous te cherchons de tout cœur !

Ouvre le tien à tes enfants, EL KABOD !

Ne sois pas sourd à notre prière, Dieu d'Israël !

Exultant de joie, nous lèverons les mains vers toi,

L'auteur, le Créateur et le maître de nos vies.

Soutiens notre foi ! Seigneur, affermis notre foi !

Autrefois tu étais Dieu, aujourd'hui tu l'es et tu le seras demain !

YAHVE MEKDDISCH-KEM, sanctifie tes enfants !

Exultant de joie, nous levons les mains vers toi !

Zukungt, Kraft und Hoffnung bist du für uns!*

Enracine notre foi en toi pour toujours !

Rassasie-nous car nous avons faim de toi !

Bénis tous tes enfants afin qu'ils te louent, Seigneur !

Obsédés par la misère, nous nous réfugions en toi !

(Tu es notre avenir, notre force et notre espoir !)*

Colonel Saye ZERBO

Jésus, fils bien-aimé de Dieu le Père,

Exalté soit ton nom qui est au-dessus de tout nom !

A la gloire de Dieu le Père, tu es le Seigneur des seigneurs !

Nous t'aimons et nous voulons te suivre !

Bien-aimé du Père, Jésus fils du Dieu vivant,

A la gloire de Dieu le Père, tu es le Roi des rois !

Prends nos vies seigneur et fais-en ce que tu voudras !

Tant de gens te cherchent et désirent te voir.

Ils ont tous soif de toi ; soif de ta présence dans leurs vies !

Seigneur Jésus ; berger de l'humanité,

Tant de gens te cherchent et désirent te suivre !

Emmanuel, Dieu avec nous ; Tu es là dans nos cœurs !

Ô seigneur, fais nous sentir ta présence dans nos vies !

Un jour dans ta gloire nous serons bienheureux,

Et nous te chanterons des louanges sans fin.

Daigne seigneur être notre bonheur sur la terre !

Rédempteur du monde, renouvelle nos vies !

A la gloire de Dieu le Père, renouvelle nos vies !

Ô Jésus, fils bien aimé du Père, délivre nos vies enchainées !

Gloire et honneur te soient rendus dans tous les siècles !

Oui seigneur ; à toi le règne et la puissance dans tous les siècles !

Jean Baptiste OUEDRAOGO

Toute ma vie, je te chanterai et te bénirai, Seigneur!

Homme de douleur, tu le fus pour mon salut!

Outragé, flagellé, maltraité, tu fus sacrifié pour moi!

Maintenant je suis dans la joie car tu m'as racheté!

Acclamez le seigneur, vous tous qui le craignez!

Soyez en fête pour le seigneur qui nous sauve!

Il est notre salut, notre vie, notre lumière!

Sautons de joie devant le seigneur ; lui qui nous tend la main!

Il est notre salut, notre vie, notre lumière !

Dans son amour il nous a rachetés du péché.

Outragé, contesté, humilié, il s'est sacrifié pour nous.

Rien n'est plus grand ni fort que l'amour de Jésus.

Et aucun autre nom n'est au-dessus de son nom.

Non, aucun nom n'est comme celui de Jésus.

Outragé, méprisé, crucifié, il est mort sur la croix.

Etant la vie, il est ressuscité parmi les morts.

Louons donc Jésus ! Louons son nom !

Souillés autrefois, nous sommes purifiés par son sang.

A la croix, il prit nos péchés et nos infirmités.

Non, rien n'est plus grand ni plus fort que son amour.

kommt; lasst uns beten und loben den Herrn Jesus! *

A la croix, il mourut pour notre salut!

Ressuscité, monté au ciel, il intercède pour nous.

Acclamons donc Jésus! Acclamons le Roi des rois!

(Venez, louons et adorons le seigneur Jésus)*

Thomas Isidore Noël SANKARA

Maître du monde, nous te prions pour le Burkina Faso !

Inquiets de voir les attaques terroristes se poursuivre,

Connaissant ta puissance et tes interventions manifestes,

Humblement nous te prions ; fais qu'il y ait la paix au Burkina Faso !

Empêche dès aujourd'hui les attaques au nom de Jésus !

L'avenir du Burkina Faso est entre tes mains !

Klar ist die lage für uns viel zu kompliziert !*1

Aber du bist unser Held ! Jesus, du bist Sieger !*2

Façonne ton peuple à ta ressemblance, seigneur !

Assiste ton peuple pour qu'il devienne victorieux !

Notre avenir est entre tes mains, maître du monde !

Dominateur des circonstances, viens à notre secours !

Offre seigneur enfin la victoire à ton peuple pour ta seule gloire !

(Certes la situation pour nous est trop compliquée)*1

(Mais tu es notre héros ! Jésus tu es vainqueur) *2

Michel KAFANDO

III-Épilogue

Psaumes 102:16-22

" Oui, l'Éternel rebâtira Sion, Il se montrera dans sa gloire. Il est attentif à la prière du misérable, Il ne dédaigne pas sa prière. Que cela soit écrit pour la génération future, Et que le peuple qui sera créé célèbre l'Éternel! Car il regarde du lieu élevé de sa sainteté; Du haut des cieux l'Éternel regarde sur la terre, pour écouter les gémissements des captifs, pour délivrer ceux qui vont périr, afin qu'ils publient dans Sion le nom de l'Éternel, et ses louanges dans Jérusalem, quand tous les peuples s'assembleront, et tous les royaumes, pour servir l'Éternel. "

Père éternel, m'appuyant sur la prière de Jésus dans Matt11.25-26 qui te disait ceci: " Je te loue, Père, Seigneur du ciel et de la terre, de ce que tu as caché ces choses aux sages et aux intelligents, et de ce que tu les as révélées aux enfants. Oui, Père, je te loue de ce que tu l'as voulu ainsi. " Je te loue et te rends grâce pour ce livre de prière à travers lequel tu vas te révéler aux générations futures du Burkina Faso et du monde entier pour que tous reconnaissent ton autorité. Bénis à travers ce livre la jeunesse du Burkina Faso et du monde entier! Utilise la jeunesse partout dans le monde pour glorifier ton nom sur la terre! Purifie les jeunes du monde de toute souillure et conduis-les par ta propre main sur tes sentiers. Qu'à ton appel Seigneur, ils soient " la lumière du monde et le sel de la terre"! Donne aux jeunes du monde entier la grâce de venir à toi en suivant Jésus Christ, le sauveur des hommes perdus.

Printed by Books on Demand GmbH, Norderstedt / Germany